허다엘 제6시집

하늘빛 계절 담은 소녀

하늘빛 계절 담은 소녀

ⓒ 허다엘, 2025

초판 1쇄 발행 2025년 9월 1일

지은이	허다엘
펴낸이	이기봉
편집	좋은땅 편집팀
펴낸곳	도서출판 좋은땅
주소	서울특별시 마포구 양화로12길 26 지월드빌딩 (서교동 395-7)
전화	02)374-8616~7
팩스	02)374-8614
이메일	gworldbook@naver.com
홈페이지	www.g-world.co.kr

ISBN 979-11-388-4655-4 (03810)

- 가격은 뒤표지에 있습니다.
- 이 책은 저작권법에 의하여 보호를 받는 저작물이므로 무단 전재와 복제를 금합니다.
- 파본은 구입하신 서점에서 교환해 드립니다.

허다엘 제6시집

하늘빛 계절 담은
소녀

좋은땅

작가의 들어가는 말

안녕하세요? 허다엘 시인입니다.

제가 시를 쓰기 시작한 지도 어느덧 십 년이라는 시간이 흘렀습니다. 정신적 고통을 이겨 내기 위하여 간절한 마음으로 하나님께 올리기 시작한 염원이자 절규 같던 그 기도문들이 하나씩 둘씩 모여 어느덧 제6시집을 바라보게 되었습니다.

이 모든 영광을 하나님께 올려 드립니다. 영감과 지혜의 원천은 바로 주님이셨으니까요.

제6시집의 제목은 〈하늘빛 계절 담은 소녀〉로 잡고, 테마는 봄, 여름, 가을, 겨울 이렇게 네 가지의 테마로 잡아 보았습니다. 저의 시의 영감의 원천은 자연 만물과 계절이 대부분이었기에 언젠가 한번은 사계절은 테마로 하여 〈봄, 여름, 가을, 겨울〉에 대하여 써 보고 싶었습니다. 그리고 그 소원을 드디어 이루게 된 것이지요.

봄에는 혹독했던 추위를 견딘 자연 만물이 따스한 바람과 햇살과 함께 우리의 닫힌 마음 문을 두드리지요. 여름에는 여름 장마가 기다리고 있긴 합니다만, 신록이 뜨거운 태양으로 인해 무럭무럭 자라나는 계절입니다. 가을은 무더운 계절이 지나가고 선선한 바람을 맞이하며 추수를 하는 계절! 겨울은 비록 춥지만 주님 오신 크리스마스와 새해의 설렘, 그리고 하얀 눈이 기다리고 있는 계절입니다.

이 모든 것들이 저에게는 좋은 시의 소재였습니다. 아울러 인생의 사계절에 대해서도 생각해 보지 않을 수가 없었지요. 사랑, 가족, 신앙 이 모든 것들이 자연과 계절에 녹아나게 되었습니다. 그래서 저의 사랑을 꽃에 빗대어 노래해 보기도 하고, 여름비와 함께 젖어 보기도 하였습니다. 가을의 풍성함을 주님께 감사드려 보기도 하였고, 겨울의 추위와 하나가 되어 햇살이 주는 따사로움을 누려 보기도 하였답니다.

그렇게 자연 만물에 동화되어서 물아일체로 노닐다 보니 날씨가 제 중심으로 돌아가는 것 같은 착각이 들기도 하였습니다. 몇 년 전 상영했던 일본 영화 〈날씨 아이〉에서 보면 한 소녀가 기도하는 대로 날씨가 변화하지요. 사실 저도 그러한 경험을 아주 여러 번 하였답니다. 그래서 저는 하나님께서 저에게 자연과 계절과 날씨로 많은 위로를 주신다는 생각을 이따금씩 해 왔습니다.

이를테면 몇 년 전, 더운 여름날에 선교지를 갔는데 제가 가는 지역은 다른 지역보다 비가 오거나 구름이 끼어서 날씨가 2~3도 아래로 내려갔습니다. 그런데 다른 지역으로 이동하면 옮기는 그 지역은 온도가 또 내려가서 2~3도 더 시원하고 떠나온 지역은 기온이 다시 올라갔습니다. 옮겨가는 지역마다 그런 일이 반복되었지요. 겨울에 해외로 여행을 떠나면 한국은 강추위가 몰아닥치다가 제가 한국에 귀국하는 날부터 날이 풀려 포근해지는 것이었습니다.

올해 몇 달 전 대형 산불이 났었지요. 그리고 일주일쯤 뒤, 내일은 비를 내려 달라는 시를 제가 썼습니다. 그리고 바로 그 다음날, 단비가 쏟아졌습니다. 사실 일기예보상으로 다음날 비가 온다는 예보가 있었지만 산불이 진행 중이었던 그 며칠 전에도 비 예보가 있었다가 소멸되었기에 가슴이 콩닥콩닥 조마조마하였었더랬지요. 그런데 제가 〈염원〉이라는 쓴 시를 쓴 다음날! 바로 비가 내리는 것입니다. 산불 진화에 큰 진척이 있었습니다. 안도의 한숨을 크게 들이쉬었지요. 너무나도 하나님께 감사했습니다.

이러한 크고 작은 일들이 한두 번이 아닌 수십 번에 걸쳐 몇 년간 지속되다 보니 진짜 하나님께서 날씨를 저에게 증표로 주신 것이 아닐까 하는 굳은 믿음이 피어나기에 이르렀던 것입니다.

(제가 쓴 염원이라는 시는 서두 시에서 소개해 드리겠습니다.)

이번에는 표지 그림도 제가 직접 그린 유화 그림으로 사계절을 담아 보았습니다. 봄, 여름, 가을, 겨울에 담기는 네 개의 그림 모두 제가 직접 유화로 그린 그림들입니다. 몇 년 동안 꾸준히 그린 유화 작품들이 차곡차곡 모였거든요.

불과 얼마 전 챗지피티는 사진을 만화나 유화풍으로 변환시키는 Ai 기술을 대중에게 널리 보급하였습니다. 이처럼 Ai 기술이 고도화되어 가는 시점에서 한 권의 시집을 더 세상에 보탠다는 것, 한 편의 시를 쓰고 한 점의 그림을 더 완성한다는 것이 무슨 의미가 있느냐고 반문할 수도 있겠습니다.(사실 저 역시도 그래서 고민이 많았답니다.)

그러나 세상에는 도구를 지배하는 자와 도구에 잠식당하는 자가 있습니다. Ai는 우리에게 도구이지요. 우리는 Ai를 도구로써 활용해야지 잠식당해서는 안 된다고 저는 결론을 내렸습니다. Ai는 영혼이 없으니까요. 그래서 저는 Ai가 단 1~2초 만에 내놓은 시보다 인간이 혼을 담아 공들여서 쓴 시가 어느 때보다 더 값지게 생각됩니다. 그렇기 때문에 앞으로도 시를 꾸준하게 열심히 쓸 생각입니다.

여러분의 기도와 응원 부탁드리겠습니다.

그럼 이번에도 즐거운 시 여행 되세요.

봄, 여름, 가을, 겨울을 테마로 떠나는 〈하늘빛 계절 담은 소녀〉입니다.

추천사

　세상은 일정한 기준과 수준을 요구하고 우리는 거기에 동의합니다. 그래서 일정한 수상작들에 대한 찬사를 마땅하게 생각하고 때로는 열광하기도 합니다. 하지만 그렇게 하는 동안 잊게 되는 소중한 가치가 있습니다.

　누구나 순전한 동기를 가지고 자신의 리그에서, 자신의 동네에서, 온 우주가 될 수도 있는 자신의 세계에서 최선을 다해 표현한 언어들은 각기 지극히 아름답다는 진실입니다.

　그가 표현해 내려는 신심, 열망, 소망 등에 공감하고 존경합니다. 무엇보다 그의 포기하지 않는 열정과 성실함이 그의 글에 고스란히 담긴 것을 존경합니다. 헤아리는 것이 수월하도록 적어 내려가는 허다엘 시인의 글쓰기를 격려하고 응원합니다.

정갑신(예수향남교회 담임목사)

서두 시

염원

날씨가 따사로우니
온탕에 들어온 것만 같다
날씨는 한철 자신의 비수를
그의 등 뒤로 숨겼다

그러나 산불!
칼끝이 난도질하듯
전국 곳곳에 번지는 불길이
온 국민의 마음마저
상처 내고 있다

불을 낸 범인들은
잡히지가 않는데
애꿎은 헬기 추락 사고에
헬기 구조반마저
발이 묶여 버린
슬픈 이날!

하늘이 시원하게

비를 뿌렸으면 좋겠다

하늘도 사람들도

후련하게 울었으면 좋겠다

먹먹해도

차마 목이 메어

울지도 못하는

사람들과 유족들

하늘도 먹먹하게 목이 메인다

내일쯤은

하늘의 눈물이

땅을 적셨으면 좋겠다

불길이 할퀴고 간

상처 난 산들과

사람들의 마음 마음을

그의 눈물로

핥아 주었으면 좋겠다

목차

작가의 들어가는 말	⋯ 5
추천사	⋯ 9
서두 시	⋯ 10

제1부 봄

봄을 물고 온 제비	⋯ 18
목련꽃	⋯ 19
어느 봄날	⋯ 20
벚꽃의 사계절	⋯ 23
이미 져 버린 벚꽃	⋯ 26
햇살 길	⋯ 28
벚꽃 길	⋯ 30
단식원 풍경	⋯ 33
아침의 흐름	⋯ 36
아침의 생명력	⋯ 38
어느 시골길에서	⋯ 41
5월의 풍경	⋯ 44

5월의 신록	··· 46
봄날의 벚꽃처럼	··· 48
봄 햇살	··· 50
봄의 약혼식	··· 52
봄의 한결성	··· 54
그리움의 봄비	··· 56
꽃	··· 58
꽃 발자국	··· 60
햇살, 평화!	··· 63
어느 봄봄	··· 66

제2부 여름

봄과 여름의 사이	··· 70
바람의 노랫소리	··· 72
자연의 신비	··· 74
비 갠 어느 날	··· 77
물빛 여름	··· 78

흔적	⋯ 80
바람의 흔적	⋯ 82
무더위	⋯ 84
나의 여름휴가 근황	⋯ 86
비 오는 날	⋯ 89
초록별 지구 숲	⋯ 92
여름 장마	⋯ 95
태풍이 지나가고	⋯ 98
잠시, 소강상태	⋯ 100
매미 소리	⋯ 102
빗길 속 출근길	⋯ 104
좋을 텐데	⋯ 106
작은 희망의 바람	⋯ 108
여름날의 기억	⋯ 110

제3부 가을

가을의 기도	⋯ 114
어느 가을의 기도	⋯ 116
가랑비와 사랑 이야기	⋯ 119
영혼의 반쪽	⋯ 122

마음 한 닢	… 124
덕수궁 안	… 126
아, 가을!	… 129
새벽 상념	… 132
풀벌레들	… 134
아침	… 136
어느 시월의 아침	… 138
가을 손님맞이	… 140
가을바람의 색	… 143
가을과 하늘 에어컨	… 146
가을의 문턱에서	… 148
새벽의 심포니	… 150

제4부 겨울

우리의 시절	… 154
설원의 흰 빛	… 156
고장 난 전기장판	… 158
홍시	… 162
천식	… 164
꽃샘추위 속	… 166

햇살과 눈	⋯ 168
충만	⋯ 170
달 토끼 눈	⋯ 172
겨울 연가	⋯ 174
설경	⋯ 176
하얀 마음	⋯ 178
눈길1	⋯ 180
사랑의 눈	⋯ 182
눈길2	⋯ 184
추위와 작은 생각들	⋯ 185
겨울바람의 칼군무	⋯ 188
하얀 눈 검은 눈	⋯ 191
한겨울 풍경	⋯ 194
봄과 동장군	⋯ 196
어느 날의 겨울 연가	⋯ 198
겨울과 봄의 사이	⋯ 201
겨울, 그리고 봄	⋯ 202

제1부

봄

봄을 물고 온 제비

추운 겨울의 끝자락
제비 한 마리가
박씨를 물고 왔다

박씨를 심으니
봄이라는
꽃이 피었다

봄을 물고 온
제비였다
그 덕에 내 마음도
봄으로 차오르더라

목련꽃

목련꽃 한 송이에
봄이 담겨 있습니다

입 열면
봄이 새어 나갈세라
여즉 입을 다물고 있지요

허나 슬몃슬몃
보이는 그 틈새로
이미 봄은
그 향내를 내뿜고
있었습니다

목련꽃들이
일제히 입을 벌리는 날에는
봄이 와르르르
쏟아질 것만 같아요

어느 봄날

어느 봄날,
골목 어귀를 돌아서서 나오는 길
문득 코끝을 스치는
라일락 꽃의 향기!

소중한 사람에게도
배달해 주고 싶은
꽃향기에 문득,
꽃 향도 손에 한 아름 담뿍 담아
사랑하는 이에게 건넬 수 있다면
얼마나 좋을까
생각해 보게 됩니다

눈에 보이지도
손에 잡히지도 않는
꽃향기 하나에
이토록이나 기분이 맑아지는데

"사랑"이라는 감정은
비록 눈에 그려지지도
손에 잡히지도 않지만
실상은 얼마나
아름답게 눈에 그려지고
손에 감미롭게 잡혀지는 감정일까
생각해 보게 됩니다

"고기"라는 단어만 들어도
입안에 군침이 고이듯
"사랑"이라는 말 한 마디에
가슴 깊은 곳에서부터
몽글몽글 피어오르는
기분 좋은 따스한 기운에
오늘도 웃습니다

꽃향기 하나에 웃고
사랑하는 사람,

그 이름 하나에 미소 짓는

어느 맑은 봄날입니다

벚꽃의 사계절

벚꽃의 계절이 지나간다
나의 계절 또한 지나간다

시간은
꽃이 흐드러지게 피었다 지듯
피었다 지고
계절이
옷을 갈아입듯 옷을 갈아입는다

봄의 격정적인 사랑을 지나
여름의 고된 성장을 거쳐
가을의 추수의 계절이 오면
문득 도래하게 될 겨울

봄의 만개한 꽃들과
여름의 불 뙤약볕과
가을의 풍성한 황금 물결은
어쩌면 황혼녘의 겨울을

맞이하기 위한

분주한 준비인지도 모를 일

분분한 낙화에도

만개한 벚꽃 잎만큼이나

동일하게도 아름다운

정갈한 사랑의 입맞춤을

보낼 수 있을런지

너에게 물음을 보낸다

나 자신에게도

물음표를 찍어 본다

꽃잎이 하늘하늘 떨어진다

그러나 낙화에도

지지 않으리라

우리의 사랑은

벚꽃은 벚꽃일 뿐이었다

이미 져버린 벚꽃

몇 년 만에 벚꽃 길 보러
현충원 길을 방문했는데
이미 벚꽃이 다 져 버리고
없습디다

간만에 임 보러
그곳에 갔었는데
그곳에 임은 안 계시더이다

사랑도 타이밍이라
임을 좇아갔으나
너무 늦은 발걸음에
임은 이미 떠나 버리시고
아니 계신 건가요

좀 더 서두르지 못한
뒤늦은 후회 물씬 밀려오나
꽃은 계절이 지나면

다시 찾아오기에
다시금 찾아올 내 사랑
굳게 믿어 봅니다

아직도 현충원 바깥은
꽃으로 만발하거늘
내 임은 왜 그리도 빨리
먼 길 떠나 버리신 게오

동산 안에는 그 꽃길
빨리 져 버리고 없으나
바깥세상 꽃길
좀 더 구경하다 오라고
내 임 떠나신 나들이 길이라면

정문 앞 한가득 태극기 나부끼며
임 가신 길
배웅해 드려야 할까 봅니다

햇살 길

빛나는 햇살에도
빛날 듯한, 그럴듯한
눈물 한 방울
떨어질 때가 있다

주룩주룩 내리는 비에만
주룩주룩 흘러내리는
눈물은 아니듯이

햇살에도 부끄러움을
느낄 때가 있다
햇살 길 따라 훤히 보이는
먼지 길들이 때로는
성가시게도 느껴지는 것처럼

어쩔 때는 투명하도록 맑은
햇살이 그립다가도
또 어느 날은 쨍한 햇살이

얄밉도록 눈이 부셔

차라리 눈을 감는 것처럼

햇살이 나의 마음을

투영하는 것일까

내가 햇살의 마음을

투영하는 것일까 생각하다가

비나 주룩주룩 내려

자욱한 먼지 길들이

싹 없어졌으면 좋겠다 싶다가도

햇살 보고 방긋 웃다가

햇살이 나에게 빙긋 웃어 주다가

벚꽃 길

벚꽃 길을 지나간다

벚꽃 터널을 통과한다

어둡고 긴 터널이 아닌

희고도 고운 터널이었다

희고도 고운 꽃잎

한 장 한 장들이

군집을 이루어 만들어 낸

아치형 벚꽃 터널

그 희고도 여린 꽃잎들이

나에게 한 잎 한 잎

손을 내어밀며 말을 걸어왔다

불과 얼마 전까지

길고도 어두운 터널을

통과하였던 나에게

누구나 검은 터널의

어두운 시기가 있다고

그래도 때로는

꽃길이 만들어 낸 터널을

지날 일도 있을 것이라고

지금 길고도 어두운 터널을

지나고 있는 사람이

있을런지도 모른다

그 어느 누군가는

벚꽃 터널을 지나고 있듯이

살면서 어두운 터널만 지나겠는가

살면서 꽃 터널만 지나겠는가

이 터널 저 터널 다 지나다 보면

eternal한, 영원한 나라에

도달하게 되겠지

꽃잎 한 장 한 장

그 여린 잎들이

그 여린 손들이

누군가에게는 위로가 되듯이

여린 내 손 한 번이라도

그 누군가에게

작은 위로라도 되길 바라며

한 줄 한 줄 시를 적어 본다

단식원 풍경

저녁이면 개구리들이
울어 댔다
개구리 울음 소리가
파도 소리처럼 밀려왔다

낮 동안에는
다들 어디에 숨어 있었는지
뿔뿔이 흩어져 있던
그 개구락지들이
저녁이면 다 한데 모여들어
온 가족이 합창을 했다

개구리 소리들은
때론 파도 소리같이
몰려오기도 했고
어쩔 때는 작은 캐스터네츠들의
합주 같기도 하였다

저들도 살겠다고 살아 보겠다고

저렇게 발악을 하는데

나는 뭐라고 자꾸

살지 않을 생각만 했을까

한낱 미물인 개구리들에게

미안해질 지경이었다

황야의 무법자같은

개구리들도

저들만의 규칙이 있었다

아주 규칙적이게도

아주 일정하게 울어 댔다

그러면서 서서히

여름이 오고 있었다

올여름은 무더우려나

그것은 저들만의 노래

생존 방식으로

자신들의 존재를 드러내는,

저들의 생의 노래이리라

아침의 흐름

향그러운 풀냄새와

상그러운 늦봄이 만나

새소리를 창조해 냈다

이른 아침에 지저귀는

새들의 노랫소리는

강아지 우짖는 소리와 어우러져

시골의 아침을 깨웠다

시골 아침의 평화로움과 고요는

고요한 아침의 나라라는

옛 시인의 말을 일깨운다

그렇게 서로가 서로를

끝말잇기 하듯이

꼬리에 꼬리를 물고선

깨워 댄다

어두운 밤이 끝나고
먼 동 트듯이
의식의 흐름도
아침의 태양빛 따라
깨어나고 있었다

그렇게 하루가 시작되었다
세상에서 단 하나뿐인
더없이 소중한 하루가!
그리도 평화로운 아침의 흐름이
거룩한 제의처럼 흘러가고 있었다

아침의 생명력

잎새 하나에 맺혀 있는 생명력

꽃 한 송이에 피어나는 생동감

생명의 흐름이 그곳에 있다

향기로운 쑥에는

그만의 향취가 있고

이름 없는 들풀들에도

고유의 의미들이 있다

무엇을 입을까

무엇을 먹을까

염려를 하다가도

들에 핀 백합화 하나가

솔로몬의 입은 옷보다도

아름답다는 성경 구절을

떠올리게 되는 아침

고요의 아침 속에는

실상은 얼마나 많은
생명 있는 것들의 움직임과
소리 없는 발버둥이 있었을까

그럼에도 그 발버둥을
잠시 적막 뒤로 감추고는
한 송이의 피어나는 꽃처럼
곱디 곱다
이 아침의 고요와 평화는!

저마다의 한숨,
그것은 살아 있다는
생명력의 외침
그 외침을 우리는
전해 듣는다

새소리가
아침이 깨어났음을 알리며

태양 빛이 서서히 기지개 켠다

저 멀리 산등성이에서부터

동이 터 온다

어느 시골길에서

비 온 뒤 하늘이 맑게 개고
아직 젖은 공기의
눅눅한 내음이
피부로 코끝으로 전달되는
어느 한적한 시골길

산들바람이 불어와
풀잎 향을 코밑까지
실어다 주면
푸른 초록 내음에
초록 초록 초록

나는 나는
초록빛 풀빛 요정이 되고
살아지는 모든 것들에
생기를 부여하는
팅커벨의 마법의 가루를
촤르륵 뿌려 댄다

마법의 금빛 가루가

흐린 날의 감춰진 태양 대신

하늘에서 반짝 빛을 발하면

어두운 그늘 수심에 잠긴

고뇌 깊은 젊은이들이

잠시 잠깐이나마

동심의 세계에서

마음껏 뛰어놀 수가 있을까

행복한 상상을 더해 본다

눈앞은 안개가 자욱한데

희망의 이정표라도 하나

보탤 수가 있다면

피터팬과 팅커벨

그의 친구들 모두를

다 불러 모아서라도

나이 먹지 않는 젊음 속에서

노닐고 싶은 것이다

다시금 부슬비 내리는

어느 시골길

가랑비에 옷 젖는 줄도 모르고

5월의 풍경

풀 내음이 느껴진다는 것은

5월이 왔다는 뜻이다

계절의 여왕 5월은

그녀 특유의 싱그러움을 드러내며

여기저기 그녀의 자태를

흩뿌린다

곳곳에 터지는 꽃망울은

그녀가 다녀갔다는

그녀만의 흔적

상그러운 풀잎들은

5월의 바람 따라

이리로 저리로 흔들리고

아이들의 웃음소리는

봄날의 물보라같이

투명한 조각조각을 내며

흩어진다

5월이 5월다움은
만개한 꽃들이 있기 때문일까
활짝 핀 아이들의 웃음이
있기 때문일까

지나고 보면 그것은 봄이었네
회상하게 될 소중한 날들,
바로 지금!
그래서 붙잡게 되는
소중한 오늘, 5월!

5월의 신록

신록이 나를 맞는
5월의 계절
신록은 푸르른
어머니의 품을 닮았다

다가가 안겨도
절대 밀어내지 않는
푸르른 편안함

마음을 청량하게 하고
눈을 편안하게 하는
5월의 푸르른 신록

그 안에서 나는
한 마리의 작은 새가 된다
작은 새가 하늘을 난 들
나뭇가지에 앉은 들
넉넉하게 품어 줄

푸름의 5월

그 안에 안긴다
그 숲으로 들어가 본다
노래하며 지저귀는
작은 새처럼
5월은, 어머니의 품처럼
나를 받아들인다

봄날의 벚꽃처럼

가벼운 봄바람에
옷차림이 가벼워지고
발걸음마저도 가볍다

그 누군가는
"참을 수 없는 존재의 가벼움"
이라고 역설하였다지만,

오늘 같은 날은
존재의 무거움으로
진자 운동을 하기보다는
존재의 가벼움으로서
흩날리고 싶다
봄바람의 벚꽃처럼

존재의 벚꽃이
가볍지 않았더라면
봄의 바람을 타고선

그만의 왈츠를 출 수나

있었겠는가!

때로는 지구의 핵만큼이나

무겁고도 진중하게 살다가도

때로는 바람에 흩날리는

봄날의 벚꽃 잎만큼이나

가볍고도 경쾌하게

나부끼는 인생이라는 바람에

그저 몸을 맡기고는

흩날리다가 사뿐히

빙그르르 낙화하고 싶다

봄 햇살

햇살이 몽글몽글
피어오른다
몽글몽글 피어오른
봄 햇살 속에서
꽃들이 피어난다

꽃들의 단잠을 깨우는
벌 나비는
햇빛에 날개가 반사되어
투명하게 제 속을 드러낸다

햇살이 품고 있는 이들은
도대체 얼마나 되는 걸까
꽃들과 벌 나비뿐만 아니라
봄 햇살에 잠들어 있던
내 마음마저도

햇살의 따스함에 잠들고

햇빛의 눈부심에

잠에서 깨어난다

모두를 잠들게 할 수도 있고

모두를 깨어나게 할 수도 있는

따사로운 봄 햇살!

그 햇살의 온기가

내 마음속에도

오늘 파고든다

봄의 약혼식

따뜻한 봄의 기운이
하늘하늘 아롱아롱
빛의 옷자락으로
나를 둘러싼다

형형색색의 꽃 기운으로
빛의 화관을
내 머리에 씌워 준다

봄의 시를 쓰는
나의 손가락 한 가락에
꽃 가락지를 끼워 주며
산뜻하게 그만의 기운으로
입맞춤해 준다

봄의 왈츠를 즐기는 일만
남은 듯하다
곳곳에 꽃망울로 울려 퍼지는

환희의 폭죽 세리머니를
경이롭게 감상하면서

봄과의 밀당
꽃샘추위로 잠시
한 발 뒤로 물러서는 듯
하였으나

결국은 내 곁에 서서
나의 신부이자 신랑이
되어 준 봄

오늘은,
그와 나와의
약혼식이 있는 날이었다

봄의 한결성

봄이 주는 향내가
코끝을 간질인다

봄은 온몸으로
자신을 표현한다
그만의 고유의
색깔, 온도, 향내

봄은 역시 봄이다
봄은 여전히 봄이다

세월이 지나도
아무리 수많은 겨울이
지나갔어도
철 되면 여전히 찾아오는 봄

봄을 한결같은
나의 친구로 맞이한다

철 지난 옷을 벗어던지곤

벗은 발로 봄을 맞이하러

길을 나선다

그대, 때 되면 변함없이

찾아오는 친구, 있는가?

그리움의 봄비

빗속에는
그리움이 담겨져 있다
머나먼 타지에 사는 사람도
바로 이곳에 사는 사람도
같은 하늘 아래 살기에
구름이 그 그리움을
실어 나른다

비구름이
저쪽에 있던 그리움을
이쪽으로 옮겨다 뿌려 놓으면
그것은 비가 되어서
땅으로 떨어진다
이쪽에 있던 그리움의 눈물이
저쪽에서 그리움의 넋이 되어
땅을 촉촉이 적시기도 한다

그리움은

비를 타고 내린다

봄비 속에

그리움이 녹아내린다

꽃

꽃이
꽃이라고 불러서
꽃일까
꽃이라고 안 불러도
꽃일까

길가에 피어난
이름 모를 들풀
나는 너의 이름을
모른다

너는
내가 이름 부르지 않아도
그 자리에 돋아난다

그러나
내가 이름을 불러 준
그 순간,

너는 나의 꽃으로

피어오른다

내가 이름 부르지 않아도

그 자리에 돋아난 너,

그러나

내가 명명함으로

나의 마음자리에

활짝 피었다

오늘은,

나의 꽃이 된

너의 이름을

가만히 불러 본다

꽃 발자국

벚꽃이 하늘에서
하늘하늘 떨어진다
바람 타고 살랑살랑
봄의 왈츠 추면서

바닥에 떨어진
벚꽃 잎들은
콩콩콩
꽃 발자국을
남긴다

공룡 발자국
사슴 발자국
강아지 발자국 등
수많은 발자국들을
보았지마는

꽃 발자국만큼

여리고도 아름다운

발자국들을

내 여지껏 본 적이 없다

자신의 자취를

자신의 온몸으로

나타내며

하강하는 벚꽃 잎들

다른 생물들은

자신의 일부를

발자국으로

남긴다지만

꽃잎들만큼은

그것이 자신의 전부

자신의 온몸을 다 던져

자신의 흔적을 남기는

벚꽃 잎들

행인들에게
사뿐히 즈려밟고
가라는 듯이
꽃길 깔아 주는
벚꽃 잎들

세상에서 가장 아름다운
융단 길을 걷는다
꽃길을 걷는다
꽃들이 발자취 남긴
분홍 꽃길을

햇살, 평화!

햇살 눈이 부신 날에
슬며시 실눈을 뜨면
빛 알갱이들이
눈 속으로 쏟아져 들어온다

부서지는 햇살들
눈이 부시다

그 햇살 중 단 한 줌만
손안에 움켜쥐고
음미해 본다

아! 햇살 내음!

빛 알갱이들을 모래 삼아
햇살 모래집을 지어 볼 테다
두껍아 두껍아
헌 집 줄게 햇살 집 다오

두꺼비 집을 만들어 놓고는
즐거워하던
아이의 동심으로 돌아가
토닥토닥 햇살 알갱이 집을
다져 본다

토닥토닥 아이가
엄마의 품에서 잠들듯
토닥토닥 마음에
평화가 깃든다

슬며시 눈을 감고는
마음의 눈으로
세상을 본다

감긴 눈으로도
햇살의 온기는
파고든다

엄마의 젖 내음을 맡고

파고드는 아이의 평화처럼

빛 같은 평화가

하늘에서 내려와 비추인다

어느 봄봄

햇살 따스한 어느 날
한가롭게 한낮의 낮잠을 즐긴다
이래도 되는 걸까?
이래도 된다

시절이 하수상하고
어수선한 그 어느 날
'자살'보다는 '살자'를 유도하는
낮잠은 차라리 보약이다

사람아!
부디 게으르다고
날을 세우지 말아다오
누군가가 죽음의 문턱에서
문을 두드릴 때
삶을 느끼게 해 준다면,

당신의 삶의 문을 두드리는

그 어떤 이가

봄날의 햇살이라면

그 또한 살 만한 가치가 있지

아니한가

제2부

여름

봄과 여름의 사이

너와 함께 하는 시간은

내게는 찬란한 봄이었다

멈춰 있던 시냇물이

졸졸졸 흐르며 노래를 했고

앙상했던 나뭇가지에는

꽃이 피었더랬다

내가 언제부터

새들의 노랫소리를

음악으로 들었던가

내게 언제부터

바람 소리가

오케스트라의 지휘자의

지휘봉으로 느껴졌던가

너와 함께 하던 시간

내게는 찬란한 봄이요

만물이 함께 춤을 췄다

허나 계절의 변화가 없다면

그 계절은 얼마나 지루해질 것인가

그래서 나는 너를 이제는

여름으로 이끌려 한다

신록의 푸르름뿐만 아니라

우리의 사랑도 푸르렀던

스무 살, 그해의 여름을 찾아서

계절의 변화가 없다면

우리의 사랑도 성장이 더디기에

우리는 그렇게도

기나긴 장마를 견뎌야 했다

그렇게 자라난 우리는

봄과 여름의 사이 어딘가를

지금도 헤매이고 있는 중이다

바람의 노랫소리

가만히 눈을 감고
바람의 노랫소리를 들으면
바람 속에 새소리 들려오고
바람결에 나뭇잎 흔드는 소리
실려 온다

바람이 그의 손끝으로
한 번씩 어루만져 주었을 뿐인데
바람이 그의 입김으로
한 번씩 스쳐 지나갔을 뿐인데

바람결에 실려 오는
대자연의 하모니
바람의 손끝은
지휘자의 지휘봉
산들산들 움직이는
자연 만물은
하나의 거대한 오케스트라

고요하게 들리는 허밍 소리는

여름이 성큼 다가오고 있다는

전조 음

산들산들 살랑살랑 휙휙

여름바람의 휘파람 소리

자연의 신비

온갖 번뇌와 고민을 하다가도
자연의 품에 한 걸음 내딛으면
마치 어머니의 품에 안긴 듯한
편안함을 느낀다
막혔던 폐부가
숨통이 트이는 이 느낌!

자연의 신비,
자연의 매력이란!
왜 앞서간 선조들이
자연으로 돌아가라고 했는지
알 것만 같았다

땅을 밟고 선 흙 내음은
내가 공상 속 지었던
공중누각의 집이 아닌
이 두 다리가 머물 곳이
바로 이 흙 땅임을 느끼게 해 준다

영혼의 진흙탕 싸움에서
잠시 잠깐이나마 빠져나와
여름 매미 소리를 듣는다
정직한 자연은
해맑은 그만의 품으로
우리에게 보답을 한다

삶이 그대를 속일지라도!
속고 속이는
진흙탕 싸움이 아닌
나와 그대와의 교감
말 없는 자연을 벗하면서
비로소 이루어지는 일이다

말 없는 자연이
가장 많은 이야기를 들려준다
우리네 어머니들이
조곤조곤 옛이야기를 풀어 가듯이

나는 지금, 여기, 이 자리에

대지를 밟고 서 있다

"나는 살아 있다!"를 외치면서

죽어 가던 영혼을 살리는 것은

실로 인간의 기술 문명과

기교가 아니라

대자연의 품이었다

비 갠 어느 날

비 갠 하늘이
개인적으로 좋다

때 꼬질꼬질한
어린아이
말끔히 세안시켜 놓은 듯

칭얼거리며 보채던
눈물을 닦아 내고는
깨끗이 세수를 마친 하늘

공기마저 맑아진
푸르름 속에
마음까지도
정화시켜 보는
비 갠 어느 날

물빛 여름

비 내음과 햇빛 내음이 섞여서
물빛 내음이 난다
여름만의 독특한 향기

한 방울의 물이 청량하게
툭 떨어지면
그것을 신호탄으로
숨어 있던 여름 알갱이들이
어디선가 톡톡톡 튀어나와
너도나도 화답할 것만 같았다

여름 알갱이들은
저마다의 물빛을 머금고 있다
적당한 장마와 적절한 햇빛의
조화로움

그것이 투명하게 반사되면
사람들의 마음은

여름 햇빛에 눈부시게
투영된다

자전거 타고 지나가는 꼬마
산책하는 강아지와 아가씨
물빛 풍선을
마음속에 띄워 놓고는
둥둥 날아다니는
내 마음의 모습까지도

무더운 여름
물빛 알갱이들은
알알이도 담뿍 담는다
우리들의 싱그러운 여름을!

흔적

비가 오고 나면
비의 흔적을 남긴다
촉촉해진 땅
비 냄새

증발해 버릴 빗물마저도
자신의 흔적을 남기는데
하물며 사람이랴

그가 다녀간 흔적
마음속에 깊은 웅덩이가
패인다

웅덩이 속에
작은 햇살 한 조각 들면
무지개 한 자락이라도
투영시킬 수가 있을까

어두운 웅덩이로만

방치하기에는 아까운

마음의 땅 한 뙈기

오늘은 조각 햇살이라도

마음속에 놀러 왔으면

좋겠다

바람의 흔적

더위에는 힘이 있다
나는 가만히 있는데
몸을 짓눌러
내리누르는 듯한
기분이 든다

그때 한 줄기 바람이 불었다
소진되던 에너지가
바람에 의해
가뿐해지는 느낌

더위에 의한
쓸데없는 근심 걱정들을
바람이 걷어 가는 듯한
그런 기분

바람 같은 사람이 되고 싶다
혹은 바람과도 같은 분을

만나고 싶다

보이는 형체 비록 없어도
머무는 곳 비록 없더라도
분명히 존재하고
명백한 힘을 가지고 있는

사람들은 눈에 보이는 것만
좇는다
그러나 보이지 않는 것도
분명히 가지고 있는 힘

정처 없이 가는 것 같아도
분명히 그분은 계시다는 것
바람이 방금 알려 주고 떠났다

무더위

여름날 불더위에
익어 가는 곡식 열매들
농부의 수고의 손길

여름날 무더위에
알알이도 영글어 가는
마음 마음

무더움 속에 지치지만
더위가 없었더라면
익지 않았을 모든 인내

추수의 기쁨 뒤에는
익어 가는 인고의 시간이
언제나 함께했다는 것을
실감하는
어느 무더운 여름날

우리의 사랑도

더위에 익어 간다

더 위의 것을 바라보면서

나의 여름휴가 근황

여름 날씨가 참 짓궂다
연일 35도의 폭염을
기록하고 있으니
보이지 않는 거대한 한증막에
집어넣은 기분

그런 속에서
우리 집 안방은
우리 집의 유일한 성역이다
우리 집 유일하게
에어컨이 있는 안방에 들어서면
밀림 숲속을 탐험하다가
시원함이 깃든 청정 숲속으로
순간 이동을 한 기분이 든다

방문 하나 차이로
공기가 극과 극이다
이러니 내가 방문을 못 벗어나지

휴가 기간 내내

안방 침대에 뻗어서

2~3일을 내리 잤다

SKY대보다 더 좋은 대학이

침대라던데

나는 침대를 수시로 간다

역시 정시에 가는 것보다는

수시로 가는 것이 답이다

휴가도 떠나기 귀찮다

이 더운 여름날

우리가 돈 들여서 산 것 중

제일 비싼 것이 집인데

집에서 본전 뽑아야지요

밖은 뭐 하러 나가냐 하며

오늘도

나는 뒹굴뒹굴

대학 중 최고 명문이라는

침대에서

명문장을 뽑아낼 궁리를 한다

비 오는 날

톡톡 토독

경쾌하게 빗방울

떨어지는 소리

우산을 가볍게

노크를 해요

톡톡톡

내 마음도 살포시

노크하는

비 오는 소리

내 마음을 사알짝

하늘 향해 열어 보아요

빗소리에 귀를 기울이며

톡톡 토독

빗방울이 탭 댄스를 추어요

나의 발자국도

그에 맞춰

탁탁 타닥 리듬을 타지요

비 오는 날이

싫지만은 않아요

하늘에서 내려온

손님이니까요

하늘 손님들이

세상 구경 잘 하고

다시 하늘로 올라가기까지

그 여행을

두 눈 뜨고 잘 지켜볼래요

아니 아니,

두 눈 감고 지켜봐야 하려나요

마음의 눈으로

보아야 하니까요

두 눈을 크게 뜨면

온 세상이 환하게 보이고

두 눈을 꼬옥 감으면

마음의 꽃밭이 열려요

어쩌면

하늘에서 내리는 비는

온 세상을 촉촉이 적시고는

마음의 꽃밭에서

춤을 추며 뛰어노는지도

모르겠어요

초록별 지구 숲

초록의 숲속

초록의 나무들

초록의 풀밭

초록의 공기

공기에도 색깔이 있다면

분명 숲속의 공기는

초록빛일 것 같아요

초록빛 요정들이 뛰어노는

초록의 숲속에 들어가

초록빛 공기를 만져 보아요

공기의 색깔이 초록이라면

나도 초록의 마음에

이내 물이 들겠죠

초록의 마음에 물든 나는

역시 초록빛 요정이
손에 잡힐 듯 잡히지 않는
그 초록 풀밭에서
메뚜기와 여치와
숨바꼭질을 할 거예요

초록은 나에게
초록의 커다란 선물을
안겨 주어요
그것은 바로
대자연 초록별 지구

우리가 초록을 느끼지 못하는
그 순간에도
우리 곁에는 초록이 있죠
아름다운 초록별 지구처럼

어떤 것은 너무 작아서

눈에 띄지 않고

어떤 것은 너무 거대해서

눈에 들어오지 않아요

초록빛 공기처럼

초록빛 지구처럼

그러나 그들은

우리 곁에 있죠

우리가 마음의 눈을 활짝 열고

그것들을 사랑한다면

말이에요

여름 장마

여름 장마가
시작되었다
주룩주룩
쏴아쏴아

여름 낭군이
그만의 물길을 틔우고선
다가오는 소리

보랏빛 우산으로
빗방울들을 받아 내며
옛 추억에 젖어 든다

그때도 장마였었지
빗길을 뚫고선
여름 성경 학교를 가던
작은 발걸음

십 년이 지나고

이십 년이 지나고

삼십 년이 지나도

계절은 사계절

여름이면 빗방울

가을이면 낙엽을

겨울이면 눈송이

봄이면 다시 꽃비를

하늘에서 쏟아 내면서

계절은 여전히도 순환하는데

나는 키가 한 뼘 두 뼘 자라고

몸도 한 근 두 근 늘어나고

마음의 키와 몸무게도

쑥쑥 늘어났다

여전히도 한결같은 하늘과

그 하늘을

조금은 자라난 마음으로

올려다보는

내가 서 있다

태풍이 지나가고

태풍이 떠나고
밝은 햇살이
바깥에 나온 사람들을
반겨 맞아 준다

지난밤은
내 마음도 한 차례
태풍이 불었다
감정의 요동
생각의 소용돌이

허나 태풍은
밑에 깊숙이 묻어 놓았던
잔재들을 청소하는
순기능도 하지 않던가

바닷속을 청소하는
그 태풍이

나의 무의식도

헤집고 갔다

그러나

그 이후 비치는

한 줄기 햇살은,

그리도 따사로울 수가

없었다…

잠시, 소강상태

하늘이 잠시 울음을 그쳤다
그간 쌓아 왔던 울분이
많았나 보다
울고 울고 또 울고
눈물을 줄기차게 쏟아 냈다

하늘의 폭포수 같은
눈물 줄기에
사람들은 모두
혼비백산했다
그간 웃던 하늘만 보다
당황스러웠을 게다

어쩌면 우리 모두는
아픈 지구를
외면해 왔는지도
모를 일이다

잠시 눈물을 거둔 하늘

매미가 운다

작디작은 미물의 울음소리라도

하늘은 듣고 있을까

잠시 배턴 터치를 하여

우는 매미라도

하늘을 잘 달래어 줬으면

좋겠다

하늘의 큰 울음소리를

자주 듣고 싶지는

않으니 말이다

매미 소리

매미 소리

귓가에 맴맴

맴돈다

작렬하는 태양에

항거라도 하는 것일까

뜨거운 태양 아래서

태양과 독대하고 있는 매미

그의 울음소리에

여름이 지나가고 있음을

느낀다

언젠가 나의 울음소리도

처량하게

신과 독대한 적이

있었던 듯싶다

그 뜨거운 여름도 지나간다

이 또한 지나가리라는

오래된 경구처럼

나의 뜨거웠던 나날도

매미의 뜨거운 울음소리도

한여름 한철로

지나가고 있다

가을이 도래하기 전

마지막 몸부림

그 고통 속에서

새로운 인연이 탄생한다

빗길 속 출근길

여름 장마가 시작되었다
세찬 빗소리가
땅도 지붕도 우산도
두들겨 댄다

자연이 만들어 낸 리듬
둥둥둥 드럼 소리가
귓가에 울려 퍼진다

바닥에 고인 물웅덩이마다
파문이 동그랗게 동그랗게
퍼져 나가고

조심조심 움츠리며
빗길을 골라 딛던 나는
어느 순간 빗소리를 즐기며
물웅덩이도 첨벙첨벙 건넌다

인생이란,

한 발자국을 떼기는 어려워도

두 번째 발자국으로

젖은 땅을 딛기는

어렵지가 않은가 보다

이미 흠뻑 젖은 발로

물과의 마찰을 즐기며

마음도 귓가도

빗물에 촉촉이 젖어 든다

빗길 속 한 걸음

걸음걸음이

심심치만은 않은

아침 출근길

좋을 텐데

바람이 불고
빗방울들이 춤을 춘다
바람이 불어오고
공기의 움직임이 느껴진다

빗방울도 여기에서 저기로
공기도 이곳에서 저곳으로
흐르며 이동한다
춤추며 움직인다

마음의 공기도
바람 따라 움직였으면
응어리지었던 강퍅함에서
부드러운 고기처럼
숙성되었으면

물 흐르듯이
높은 곳에서 낮은 곳으로

흘러들어 갔으면

윗동네나 아랫동네나

갈증을 해갈시켜 주는

생수가 되었으면

좋을 텐데…

작은 희망의 바람

약간의 바람이 분다

작렬하는 태양빛 속에서

미세한 공기의 흐름이

느껴진다

공기의 흐름은

피부로 전해지고

땀이 흐르던 얼굴은

숨을 쉴 수가 있게 된다

공기의 이동

바람의 파장

작은 움직임이지만

몸은 그것을 감지할 수가 있다

마찬가지로

어둡던 세계에서의

작은 움직임

희망의 불씨는

빛이 되어서

사람들에게 다가온다

그들은 감지할 수가 있으니까

작은 흐름과 움직임조차도

그만큼 무더웠던 여름

절망의 한복판이 있었다

그럼에도 부는 작은 바람,

희망의 움직임 되어

내게로 다가온다

여름날의 기억

선선한 바람 속에
초록의 여름 공기가
흐른다

흘러가는 모든 것들
물 흐르듯이 흘러가는
시간 속에서
흐르는 공기의 흐름

그 흐름 속에서
다가온 여름을 감지한다
여름을 코 밑에 바짝 대고는
들이마시는 그의 향취

사라질 어떤 기억들과
붙잡아야 할 어느 기억들

모래를

다 손안에 움켜쥘 수는 없듯

시공간의 테두리 안에서

흘러내릴 것들은

덧없이 흘러내려 버리겠지

붙잡을 것도

흐르게 놓아두어야 할 것도

많은 이 여름의

어느 시간 한 조각

그 조각이 오래도록

기억에 남을 것 같다

아마 추억이라는

기억의 저장고에 저장이 되겠지

해마다 오는 여름이지만

오는 여름은

그 어느 때보다 특별하길 바라며!

제3부

가을

가을의 기도

가을의 기도는
가을이기에 아름답습니다
바깥의 세상에도
황금 들녘이 펼쳐지지만
나의 내면 세상에도
황금물결이 흐르거든요

가을은
독서의 계절이라고들 하지요
그해 봄과 여름에 빼곡히
읽은 활자들이
알알이 황금벼의 알갱이 되어
내 마음 밭에서 굽이칩니다

추수의 기쁨이 있는
가을날 들녘의 기도는
곱게 빻은 곡식의 알갱이마냥
내 영혼의 자양분 된 글들로

기도가 되어 흘러나옵니다

겸허한 모국어˚로 고백하는
가을날의 기도는
가을이기에
가을이라서
더욱 아름답습니다

* 김현승의 시, '가을의 기도' 참조

어느 가을의 기도

주여,
모국어의 풍성한 언어로써
나를 채우소서!
영혼이 깊은 골짜기로 내려갈 때에,
내 영혼에 한 줄기의 빛을 허락하소서!

모국어로 빚어내는
언어의 정갈함들이
내 마음을
도자기를 정갈하게 빚어내는
도인의 손길과도 같이
매만지게 하소서!

언어는 힘이 있으며
눈에 보이지 않는 그 힘은
보이지 않는 믿음마저도
불러일으킵니다
믿음은 산을 움직이는 힘까지도

있다고 했으니
종국에는 언어는
산을 움직이는 힘입니다

태산과도 같은 장애물이 있다 할지라도
당신의 언어와 함께라면,
당신의 유희와 함께라면,
손은 손과 눈은 눈과
마음은 마음과 만나게 될 것입니다

그 마음을 섬세하게 빚어 가 주소서
마음의 옷매무새를 가다듬고선
당신의 언어를 듣겠나이다
오늘도 나에게
모국어의 풍성한 은혜와 열매로써
먹이시고 입히소서

당신의 수확물을 추수하는

추수꾼의 한 사람으로서

품꾼의 길을 걸어가 보렵니다

하루하루 주어진 일용직이라도

주신 양식에 감사하는 마음으로

풍성한 열매와 식탁을 그리워하듯

당신께서 나에게 베풀어 주신 풍성함에

기쁨 한 자락, 띄워 보내면서…

가랑비와 사랑 이야기

잔잔한 보슬비에
옷깃이 젖듯
그렇게 그대의 마음속에
스며들고 싶다

여름날의 폭우같이
격정적으로 쏟아붓는
사랑이 아니더라도

젖는 듯 젖지 않는 듯
알게 모르게
그대 곁에 다가가
어느새 촉촉하게
스며들어 있는 사랑

가랑비에 옷 젖는 줄 모르게
하루 보고 또 하루 보는 가운데
서서히 마음이 물들게끔

그리도 물든 마음이

지워지지 않게끔

내 마음을 새겨 넣고 싶다

오늘은 오늘의 분량으로

내일은 내일의 분량으로

서로를 사랑하다가

어제의 분량이

너무 과하거나 부족했다고

후회하지 않도록

한 걸음씩 사랑하며

하루하루를

그렇게 걸어가 보고 싶다

머나먼 이정표를

바라보지는 않더라도

오늘은 오늘에 충실하게

내일은 내일에 충실하게

그렇게 하루하루를
스며드는 사랑으로
채워 나가고 싶다

영혼의 반쪽

스산한 가을바람이 분다고

몸과 마음까지도

차가워져서야 되겠습니까

한 사람만의 온기만 있어도

몸도 마음도 더워지는 것을요

어쩌면 우리는

그 한 사람이 없어서

일평생을 낙엽처럼 뒹굴며

이리저리 헤매는 것인지도

모를 일입니다

한 사람을 만날 수 있다는 것은

얼마나 큰 축복입니까

영혼이 맞는 한 사람은

마음에 따스한 불꽃을

점화시키지요

마음에 불꽃이 일렁이면

마음속 그늘이

환하게 빛을 받고

빛으로 변모해 갑니다

마음속 불꽃을 점화시켜 주는

그이,

내 평생 함께 가야 할

내 영혼의 반쪽입니다

마음 한 닢

하늘에서 은행잎들이
뚝뚝 떨어진다
황금 동전닢이
뚝뚝 떨어지는 것만 같다

하늘에서 시상도
뚝뚝 떨어진다
나는 그중 하나를 낚아채어
내 것으로 만든다

낙엽이 떨어지는 것을
공중에서 잡으면
사랑이 이루어진다던데
공중에서 잡아야 할 것이
두 가지로 늘었다

요즘 들어 사람의 온기가
참 좋다

은은하게 내 기분을
감싸 주는 오로라 같은 빛!
사람의 온기가 사랑의 온기일까
마음의 온도가 한껏 올라간다

황금 동전닢 한 닢 두 닢 모으듯이
마음을 한 닢 두 닢 모은다
누군가에게는 하찮은 은행잎이지만
누군가에게는 황금보다
귀한 마음들이다

수많은 은행잎들 중
단 하나의 은행잎만 골라서
곱게 내 책갈피에
끼워 넣어야겠다
올가을에 주운
고운 마음 한 닢을
간직하면서!

덕수궁 안

그곳은
시간의 흐름이
한 발자욱
늦게 가는 곳이었다

바깥세상은
완연한 겨울
앙상한 나뭇가지만
메마른 손을 내미는데

그곳은
아직도 가을,
가을의 정취가
머무는 곳이었다

우수수 떨어진
노오란 은행잎은
푹신푹신한

카펫으로 이루어진

황금 길 길목

나뭇가지에 매달린

빠알간 단풍잎들은

여전한 가을의 한 자락을

붙잡고 있는 듯

삼삼오오 모여서

담소를 나누는 이들은

잠시 시간을 비껴간

이곳 덕수궁,

마법의 궁 안에서

정지된 시간 속에

머무른다

새들은 지저귀고

가을은

마지막의 아쉬운

가는 발걸음을

이곳 덕수궁에 흘리고

나는 이곳

덕수궁에 흘리고…

아, 가을!

가을이 오고 있었다
여름철의 불더위
그로 인한 땀방울
알알이 맺혔던 눈물방울은
마침내 가을을 불러들였다

저기 저 멀리서
손짓하던 가을은
어느새 문 앞에 성큼

인고의 계절이 흐르고
마침내 가을이
그녀의 입김을 훅 하고
방문으로 불어넣는다

그녀의 입김이
내 코끝에 닿기까지
견뎌 왔던 시절들을 곱씹어 보니

문득 콧날이 시리다

가을은 가을의 왈츠를
준비하고 있을 것이다
땀방울과 눈물방울은
인고의 결실로 영글고

이 가을에
나는 그녀와 함께
세상에서 가장 아름답고
서늘한 춤을 추게 될 것이다

서늘한 바람이
문득 방문 틈새를 비집고 스며들면
마음에도 피어날 결실 하나
인고의 열매

가을 추수의 기쁨을

풍요의 잔에 담아

한 모금 음미해 보고 싶다

아, 가을!

그리고 그 안에 녹아든 나

새벽 상념

새벽의 공기가 참 좋다
덥지도 차지도 않은
대기의 흐름이
풀벌레 소리와 함께
오케스트라의 협연을 이루고

방금 소등된 가로등의 불빛은
그들이 밤새 누군가의 길을
밝게 비춰 주었음을
되새기게 한다

어제의 실망이
오늘의 희망과 뒤섞이면
어제의 밤과
오늘의 아침이 섞이는 것만큼
감미로운 화음을 낼 것만 같다

석양의 붉은 노을이

비단 한 가지 색만으로

구성되어 있지는 않듯

희망과 절망도 적절한 색으로

그러데이션을 이루어야

아름답지 않을까

문득 생각해 보게 되는

새벽이다

같은 공기를 마시지만

제각기의 상념을 지니고는

사람마다 제각각의 공기를

내뿜는다

그 공기들이 섞여

오늘의 인생

내일의 희망

선명한 빛깔의

오로라를 만들어 낸다

풀벌레들

새벽의 공기를 깨우는
풀벌레 소리
한낱 미물에 불과한
풀벌레들이
제일 먼저 아침을 연다

작은 것들이 모여
자연의 군집체가 되고
작은 생각들이 모여
큰 생각을 이루어 낸다

매일매일
작은 생각들을 하나씩 한다
소소한 일상들을
구성하는 작은 일화들
마치 풀벌레들처럼

풀벌레 소리 없는

가을 하늘을 생각하기는 싫다
그들만의 작은 오케스트라는
자연의 일부이자
자연의 변주곡이니까

새벽을 가르며
가을 하늘을 열어 가는
풀벌레들
그 자연의 일부분에
나도 동화되어 간다
그들의 동화에 스며들어 간다

아침

흙냄새를 맡으니
자연으로 돌아간 기분이 든다
자연이라는 어머니 품에 안겨
어린아이가 힘껏 젖을 빨듯이
자연을 흠뻑 들이킨다

언제나 돌아가면
거기 그 자리에서
너른 품으로
한 작은 피조물을 안아 주는
자연의 품

어머니라는 이름은
얼마나 크나큰 의미를
함축하고 있는가!
아, 어머니!

닭이 울고

날이 밝아 오고 있다

새들이 우짖고

먼동이 터 온다

마음의 빗장을 풀고

고요한 아침을 맞이한다

어느 시월의 아침

이것이 시월의 공기인 것인가
느끼게 하는
서늘한 아침의 바람
풀벌레 소리는 덤

하루가 가고
그 하루들이 모여
한 해가 간다
어느덧 한 해도
끝자락을 향해 달려간다

끝자리에 앉았더라도
그 자리를 계속해서 지켰다면
그것은 한 걸음의 진보임을
느끼는 시간들

끝물 포도가 맛이 없더라는
편견은 버리시라

단지 조금 늦게 익어 갈 뿐

가을의 수확될 열매들과 함께
익어 가는 나의 마음
어느덧, 추수의 계절
가을이 성큼 앞으로 다가선다

가을 손님맞이

가을바람이
사부작사부작 소리를 내면서
다가온다

가을바람이
그의 손가락으로
잎새들을 매만지는 소리

가을의 손길에
잎새들은 춤을 추고
그것은 곧
가을이 잎새에 당도했음을
알리는 수신호

산천이 흥에 겨워
춤을 춘다
가을 손님을 맞아들이는
춤사위

가을 손님은

당분간 잎새들을

단장시켜 주느라

바쁠 예정이다

초록의 민낯에

노란색 빨간색으로

화장을 덧입히느라

분주하겠지

가을의 손길에

잎새들은 화려한 변신을

할 것이다

또 다른 손님인

겨울이 당도하기까지

자연과 동고동락할 가을

나도 손님 맞을 준비에

손이 분주하다

마음으로 맞아들여

아름다운 자연과 동화되어

아름다운 동화들을

쓰고 싶으니까

가을바람의 색

여름바람이
초록 바람이라면
가을바람은
군청색 빛깔 바람

여름은
푸르른 신록에
마음이 갔다면
가을은
높고 청량한 하늘에
단연 눈길이 머문다

초록보다는
더 짙고 푸르러진,
그래서 더 어른스러워진
군청색

초록을 어우르면서도

쪽빛을 뿜어내는

진한 내음이 난다

초록의 신록에

가을 하늘의 쪽빛이 더해져

만들어 낸

군청색 느낌의 바람

그 바람이

동에서 서로

남에서 북으로

불어온다

그 바람에

얼굴을 맞대고

양 뺨을 비벼 본다

코를 킁킁대어 본다

아! 가을 내음!

보드랍게 양 볼을 감싸는

그 가을바람의 손길에

눈물 한 방울이

빗방울처럼 똑!

떨어질 것만 같다

가을과 하늘 에어컨

가을이 오니

하늘 에어컨을

풀가동 시킨 것만 같다

여름 무더위에

실내 에어컨

기껏해야 6평 남짓

실내를 시원케 하는데

가을이라고

우리 주님께서

하늘 에어컨을 여시니

온 대지가 서늘함으로

물든다

코끝을 스치는

차가운 공기는

가을의 시작을 알리고

온 만물은

나무들도 사람들도

가을옷으로

갈아입는 중이다

주님의 손길 한 번 스치니

이처럼이나 선선한 바람

온 땅에 이슬처럼

내려앉는다

맑은 새벽 이슬이

가을의 문턱에

알알이도 맺히는 소리가

들리는 듯도 하다

가을의 문턱에서

서늘한 바람이

살갗을 파고든다

어느덧, 가을의 문턱

이 가을의 문에

다다르기까지

견뎌 내야 했던

더위와의 공존

공존과 공유로 이겨 낸

지나간 시절들

이따금 시린 생각이

가슴을 파고들 때가 있다

가을의 문을

슬며시 열면

오색 빛 단풍이

손짓을 하려나

시린 생각이

서늘한 기운에

스며 사라져 가는 듯한

이 가을의 문턱

숨이 턱턱 막힐 듯한

무더위도

기나긴 기간 이어졌던

장맛비도

모두 다

가을을 부르는 손짓이었다

새벽의 심포니

새벽의 공기를 변주하는
풀벌레 소리
그 어떤 현악기보다도
정교하고도 섬세한 음색
메트로놈을 켜 놓은 듯
정교한 리듬까지 곁들여진다

거기에 새소리가
메인이자 하모니로써
더해지는 순간
부드러운 화음의 협연이
시작된다
짹짹짹 깟깟깟 뾰롱뾰롱

풀벌레 소리가
섬세한 현악기라면
새소리는 건반 악기나
목관 악기 정도 되려나

때로는 피아노의 선율처럼

음색이 우아하고도 다채롭고

때로는 플루트 소리처럼

청아하게 울려 퍼지는

새소리

그에 맞춰 움직이는

새벽 공기

여름 같은 가을바람이

서걱서걱 움직인다

새벽에 은밀하게 울려 퍼지는

심포니의 협연은

자연 만물이 이제

깨어나고 있음을 알리는

전주곡이자 변주곡

거기에 나도 음색을 보태어

시를 한 수 읊으니

자연과 나는 물아일체

창조주의 손길에 의한

피조물들의 협주곡

어둠의 장막이 걷혀지고

빛의 세계로

하루가 열렸음을 알리는

그들의 세리머니

제4부

겨울

우리의 시절

우리의 계절에

꽃이 피었습니다

비록 밖은 추운 겨울이라도!

온실 속 화초라고

누군가는 말할지 모르겠지만

겨울에도 꽃을 틔울 수 있는 것은

분명한 축복이 아니겠습니까…

우리의 사계절,

지금은 어느 계절입니까?

비록 밖이 추운 겨울이라도

우리의 계절은

봄이 시작되었으면 좋겠습니다

밖이 한여름이라도

우리의 계절은

매서운 한파가 부는 시절들을

충분히 지나왔기 때문입니다

온실 속 화초라는 말이

듣기 싫었습니다

나약한 영혼처럼

보였기 때문입니다

허나 이제는

온실 속 화초라도 반갑습니다

우리의 시절에도

꽃이 필 날이 도래했으면

더할 나위 없이

좋겠습니다

설원의 흰 빛

설원에 펼쳐진 하얀 뜻은
그분의 흰빛을 닮았다
백마 타고 오셔서
세상을 흰빛으로 물들일
그분의 의지를 담았다

설원의 대지를 끝없이
백마 타고 달려 보는
꿈을 꾼다
백마에 날개를 달아
하늘로 날아오르는
그런 꿈을 꾼다

흰빛이 빛의 세계를
상징한다면
나는 빛의 세계로
날아오르리라

백마 타신 그분의

숨결을 담아

고장 난 전기장판

매서운 날에는
얇은 전기장판의 온도도
소중하게 느껴진다

시골 아랫목 구들장도 아니고
수천만 원짜리 온돌 침대도 아닌
가녀린 전기 콘센트 선에
의지하여 전달되는
단돈 몇만 원짜리 온기

그럼에도 불구하고
그 전기장판 하나가 고장 나면
오들오들 떨기도 하고
제대로 골라잡은
뜨끈한 전기장판 하나에
따끈한 만족도가
상승되기도 했다

내가 머무는 단식원에는

멀쩡한 전기장판들과

고장 난 전기장판들이

복불복으로 섞여 들어가 있었다

제대로 된 전기장판이 걸린

나는 뜨끈한 온기에

만족도가 상승했지만

옆지기 언니의 전기장판은

고장이 나

가뜩이나 감기 걸린 언니는

골골거려야 했다

인생은 복불복이었다

어쩔 때는

내가 운이 좋기도 했고

어쩔 때는

상대방이 운이 좋기도 하였다

겨울

내가 운이 좋을 때는

내가 잘해서 일이 잘 풀린 양

싱글벙글 웃으며

묘한 안도감을 느꼈지만

내가 내 살 깎아

남에게 먹여야 할 때는

묘하게도 속이 뒤틀리는 것

이왕이면

좋은 물건 골라잡듯

좋은 사람 골라잡고 싶고

기왕이면

내가 손해 보기보다는

남이 손해 보더라도

나는 이득을 거머쥐고 싶은

이기적인 속 좁은 마음은

얇은 전기장판 하나에도

우선은 내 전기장판

고장 나지 않은 것에 대해서

안도감을 느꼈던 것이다

절대로 멀쩡한 내 전기장판

옆지기 언니에게

양보하지도 못한 채로

홍시

홍시 하나 주세요
입안에서 달달하고
혀끝에서 사르르르 녹는
빠알갛고 탐스러운
홍시를!

우리가 겨울을 나야 할
이유입니다
추운 겨울에도
빨간 홍시 하나면
겨울이 따뜻해집니다

붉은 시처럼 탐스럽게
입안에 넣고서는
살살 녹이겠습니다
입술을 붉게 물들이며
꿀꺽 삼키겠습니다

붉게 달아오른

그대의 두 뺨처럼

부드럽게 그것을

쓸어 담고는

붉은 시를

써 내려가겠습니다

붉은 시인의 시,

홍시!!

천식

들숨에는 날숨이 그립고
날숨에는 들숨이 그립다
겨울이면
그르렁대던 숨소리
아버지의 천식

그 아버지에 그 딸이라
나도 환절기부터
감기를 달고 산다
짠 눈물 소금 되어
입맛을 적신다

적신으로 태어났으니
적신으로 돌아가리라
밤이면 낮이 그립고
낮이면 밤이 오길
고대하던 욥의 탄식처럼,

첫사랑의 뒤척임이

이와 같을까

끝 사랑의 들썩임이

이와 같을까

밤잠을 설치며

이리 뒤척, 저리 들썩

불완전한 숨결이

그르렁대며 폭풍우 친다

꽃샘추위 속

겨울과 봄
그 어딘가에 걸쳐진 계절
음지로 가면 서늘하고
양지바른 곳으로 가면
느껴지는 온기

사람의 마음 그 어딘가
어두운 그늘로 가면
느껴지는 한기와
몽글몽글한 희망을 그리면
느껴지는 따사로움을 닮았다

한기는 칼을 품고는
폐부를 비수처럼 찌르고
그럼에도 불구하고
정수리로 내리쪼이는 햇살은
큐피드의 화살 그 어드메인가

각자의 영역을 침범하지 말라며

힘겨루기를 하는

두 기운 사이에서

때로는 오들오들 떨기도

때로는 희열의 기쁨을

입가에 만개하기도 하였다

만개한 봄꽃을

보고 싶다

그 아이의 입술에 피어날

봄꽃 봉우리의 수줍음 같이

따사로운

그 어느 배냇 웃음빛

미소를!

햇살과 눈

햇살이 눈을 통해
들어온다
밝고도 따스한 햇살이

지난날
하염없이 눈물을 쏟았던 눈
슬픈 것을 많이도
보아 왔던 눈
시리던 눈시울이

밝은 햇살을 만나
눈이 부시다
따스한 온기에
눈시울이 뜨거워진다

묵직한 것이
속에서부터 차오른다
지난날의 추위에

얼어붙어 있던 내게 주는

자그마한 선물, 온기

대가도 없이 쏟아지는 햇살이

대가를 바라는 각박한 세상과

선명한 명암 대비를 이룬다

기왕이면

밝은 곳에 서고 싶다

그러나 음지에서

추위에 떨고 있는 사람들에게도

그 따스한 온기를

작은 유리병에라도 담아

선물로 건네주고 싶다

충만

비 내음과 낙엽 냄새가 어우러져
청명한 공기와 공명을 한다

오늘은 수능 날
"눈물로 씨를 뿌리는 자는
기쁨으로 단을 거두리로다"
는 말씀 구절이
결실을 맺는 시간이 되길!

지저귀는 새들도
주님을 찬양하는 것 같고
자동차의 움직임 소리는
수능 날을 위해
조용히 움직이는 듯
숙연하게 들린다

예수로 충만한 하루
예수로 충만한 기쁨을

누린다

그들도 나도
예수로 충만하고
예수로 공명되는
기쁨의 날 되기를!

달 토끼 눈

밤공기의 차가운 기운이
코끝을 스친다
스산하기보다는
따뜻한 기운

밤공기는 분명 시원한데
공명하는 온도가
따사롭게 느껴지는 것은
왜일까

지하철의 문 틈새 사이로
눈썹 같은 초승달이
기울어져 있다

옥토끼가 진짜로
있었으면 좋겠다
존재하지 않아도
상상만으로도 기분이 좋아지니까

쿵덕쿵 쿵덕쿵 절구 소리는

현대 문명의 이기 속에

잊고 있던 옛 추억을

소환시킬 테니까

옥토끼처럼 새하얀

눈이 곧 내렸으면 좋겠다

눈만큼 하얀 도화지에

발 도장 콩콩 찍고

화이트 크리스마스를

맞이하도록

그리운 사람이 있다

그 사람도 나처럼

저 초승달을

올려다보고 있겠지

기나긴 하루가 끝나 간다

겨울 연가

눈이 내린다
바람결에 춤추는
하얀 눈의 왈츠
바람의 향방에 따라서
흔들리고 또 흔들리는
흰 눈 고유의 향내

무색무취인 것 같으나
눈만의 고유의 빛깔과
향취가 있다
겨울이라는 차가움의
빛깔과 향취!

그 차가움이 손끝에 닿으면
하얀 새털보다도
가벼운 눈의 무게에
놀라곤 하지만
겨울의 진중함을 담았기에

결코 가볍지만은 않은 눈

눈에 눈을 맞추며
당신을 향한 그리움을
띄워 보낸다
그 마음,
하얀 솜털같이도 따뜻했던 기억
새하얀 마음에 담아

한 편의 겨울 연가
완성되도록!

설경

눈이 내린다

슬픈 눈물이 한 송이씩

떨어진다

한 송이 두 방울

방울방울 송이송이

소리 없이 이 땅에 내린다

땅의 전쟁과 기아 속에서도

하얀 눈송이는

소복소복 쌓인다

검은 땅의 죄를

잠시 잠깐이나마 덮어 주면서

하얀 생각과 까만 땅이

섞인다

점점 더 하얀 마음들이

이 땅에 소복소복

내렸으면 좋겠다

소리 없이 이 땅을

하얗게 감싸 주는

아름다운 설경이다!

하얀 마음

하얀 눈 위에

흰빛으로 오신

그분의 이름을 써 본다

하얀 기억 속에서도

망각의 백지 속에서조차도

떠오르는

그분의 존재의 이름을

다 잊어도

다 잊고 살아도

단 하나 기억해야 할

그 존재의 생명의 이름을

인간은

하얀 백지에서 출발하여

검은 도화지로 물들어 간다고

누군가가 그랬던가

그러나 어린양의 피에

더러워진 옷을 빨면

흰옷으로 변한다고 했다

흰 마음으로 살고 싶다

먹보다도 더 검은

죄로 물든 그 마음

흰 눈보다 더 희어지게

그분의 소망으로

눈길1

오늘도 눈이 쌓였다

겨우 1~2cm 쌓였는데도

행여 발이 젖을세라 혹여 미끄러질세라

움츠러들면서 조심조심 걷는다

학창시절 교과서 책에서 봤던

"눈길"이라는 수필이 생각난다

옛날 시골 산길에는

눈이 허벅지까지 쌓였더랬다

한 발자국 한 발자국 내딛을 때마다

퍽퍽한 눈에 허벅지가 시리고

젖어 드는 그 눈길

아들은 그 눈이 쌓인 산골길을 통과해야만

볼일을 보러 읍내에 나갈 수가 있었다

그런데 아들이 가는 그 눈길에

이미 길이 나 있었다

어머니가 아들의 허벅지가 시려울까 봐

앞서 길을 가 본 것이다

당신의 허벅지로 눈길을 헤치며

앞서 닦은 그 길!

아들은 눈물을 훔치며 그 길을 간다

부모의 마음이란 이런 것일까?

내 앞서 길을 닦으셨던 아버지!

내 앞서 길을 열어 두셨던 성령님!!

크리스마스 하루 앞서 온 눈이,

내 길 앞서가셨던 그분들을 기억케 한다

메리 화이트 크리스마스 이브!

사랑의 눈

눈이 하늘에서
소리 없이 내려온다

눈 한 송이 한 송이마다
사랑이 담겼다
눈은 아무런 감정이 없지만
내가 그렇게 믿어 보는 것이다
눈이 그냥 눈이 아니라
사랑을 함축한
사랑의 전령사라고

그 순간부터 눈은
그냥 눈이 아니다
내 옷깃에도 사랑이
조용히 내려앉고
내 우산에도 사랑이
고요히 쌓인다
온 세상이 하얗게 하얗게

사랑에 물든다

내가 한 순간,
그렇게 믿어 버렸을 뿐인데!
흰 눈이 사랑 담고선
소복소복 온누리에 쌓인다
사랑의 눈으로 본
사랑의 눈이 내린다

그분의 눈으로 본
겨울 세상,
하얀 눈이 펄펄 내린다

눈길2

눈에게 말없이
눈길을 준다
눈은 말없이
눈길을 만든다

눈길 따라
내 발자국 찍히면
그 발자국에도
눈길이 간다

눈길을
눈으로 덮는다
눈길을
눈으로 담는다

추위와 작은 생각들

맹추위가

기선을 제압했다

바깥으로 나가려고 했던 나는

추위에 질린 모습으로

꼬물꼬물 다시 이불 속으로

파고든다

수시로 한파 주의보

경보음이 울리고

길거리에서 하루를 나던 사람들은

오늘 내일이 고비일 것이다

윙윙 부는 바람 소리 없음에도

뼛속까지 스며드는

찬 공기는

내가 이 겨울의 진정한 승자라는 듯

서슬 퍼런 위용을

뽐내고 있다

이처럼

끝나지 않을 듯한 추위도

언젠가는 지나가겠지

봄은 반드시

오는 법이니까

다만 그 추위를

넘겨야 하는

나의 자세를 생각해

보는 것이다

비록 추위가

내 여린 손등과 마음을

할퀴고 지나갔다 할지라도

군고구마 군밤

이불 속에서 까먹는 귤

그렇게만 정의 내릴 수 없는

한기를 품고 있다 할지라도

그래도 따끈한 찐빵 하나에

모락모락 피어나는

우정과 사랑처럼

작지만 따끈한

온기를 잃지는 말자는 것이다

작은 손난로 같은

사랑 한 조각

지녀 보자는 것이다

겨울바람의 칼군무

겨울의 바람은
날카로움을 품고 있다
그 특유의 예리함으로
지나가는 행인들의
살갗을 마구 파고든다

사람들도 이미
느끼고 있는 터다
겨울바람이
예리한 한의 공격성을
지녔다는 것을

눈에 보이는 상처와 피는
없었을지언정
자신들에게 미치는
타격감과 상흔을

그러기에 겨울바람을

칼바람이라 명명했다
오늘도 겨울바람은
그만의 특유의
날카롭고도 예리한 선으로써
칼군무를 춘다

그것이 망나니의 칼춤인지
슬픈 어느 여인의
절제된 칼군무인지는
받아들이는 사람의 몫일 터

오늘도 나는
겨울바람에
나의 심장을 내놓는다
찔릴 것이 자명함에도
내미는 경건한 의식

그것이 한이

승화되는 길임을 알기에

선택한 외로운 길,

외로운 겨울바람

하얀 눈 검은 눈

밤새 눈이 내렸다
검은 길이
새하얀 색으로
변해 있다

거기에
검은 발자국 도장
콩콩 나의 발자취를
남겨 본다

어젯밤
집안 선반에는
먼지가 새하얗게
앉아 있었다
하얀 휴지로 닦으니
검은 흔적이
새카맣게 묻어난다

먼지는

분명 하얀색이었는데

닦으면 검다

검은 길 위의

하얀 눈들도

발자국 흔적을 남기면

검은 발 도장 콩콩

새하얀 눈들은

녹음과 동시에

검은색으로

질척질척 묻어난다

마음이 하얀 것 같아도

닦아 보면 검다

양심의 거울은

늘 뽀얗게 먼지가

묻어 있었다

새하얀 눈으로
일시적으로
검은 길 덮는다
금방 발 도장 하나에
검게 남는 자욱
질척거리는
녹아내림의 흔적을 남기며

일시적으로
멋진 옷 예쁜 화장으로
검은 길에
하얀 눈을 덮는 사람들

하얀 색인 줄 알았는데
검다
묻어 나오는 양심의 빛깔은

한겨울 풍경

코끝까지 시리고 에이는
한겨울이 되었습니다

어젯밤에는
함박눈이 펑펑 내렸더랬죠
온 세상이 새하얗게
뒤덮였어요

동네 아이들은
신이 났어요
동네 비탈길이
멋진 눈썰매장으로 변했죠

어른들은
미끄러질까 봐
얼굴을 찌푸리며
조심조심
종종걸음 걷는데

아이들은

함박눈만큼이나

새하얀 함박웃음을

짓습니다

동장군의 맹위도

아이들의

천진스러운 웃음 앞에서는

슬며시 꼬리를 내릴

기세입니다

봄과 동장군

봄,
그분이 오시는가 했더니만
아직 동장군이
물러나지 않았다

동장군은
겨울의 서슬 퍼런 칼날을
봄에게 들이대며
봄기운을 뒷걸음질 시킨다

봄은 아직 당도하지 않았다
그 여린 입김의 기운이
겨울의 칼날을 상대하기는
아직은 무리수였나보다

그러나
따뜻한 태양은
차가운 바람을

이기는 법

태양과 바람의
동화 속 내기처럼
그녀와 그의 전투는
아직 끝나지 않았다

숨을 고르고는
잠시 물러나 있는 봄
그분은,

수일 후면
꽃망울 부대를
몰고 오시리라

찬연한 태양의 기운과
완연한 봄바람과 함께

어느 날의 겨울 연가

흐린 하늘에서
하얀 결정체들이
흩뿌려진다
잿빛 하늘이
하얀 눈꽃들을
쏟아 낸다

어느 날의 겨울 연가,
어떤 날의 겨울 풍경에는
추위가 있으나
낭만이 더해진다

눈들의 비행에는
목표가 없다
그저, 흩날리다가
그 어딘가에 착지하면 그만일
눈들의 방황

나의 비행에도

목적이 없을 수도 있는 것

정처 없이 발걸음 닿는 대로

어딘가를 떠돌다가

그 어딘가에서 쉬었다 가면 그만

있는 그대로 흐르는

낭만주의자의 삶

목적이 있는 삶이

아름답다고

그 누가 그랬었나

오늘은 이곳

내일은 저곳

표류하는 삶에도

낭만이 흐르는 것을

당면한 과업을

하나하나 이루어야

충실한 삶이라고

그 누가 그랬던가

발걸음 닿는 대로

바람 따라 물길 따라

기류에 몸을 맡기고

비행하는 비행도 때로는

그 어느 날의 낭만인 것을

겨울과 봄의 사이

눈이 녹은 자리에는
숨겨진 봄이 깃들어 있다
아직 꽃은
그 눈망울을 틔우지 않았지만
어느덧 봄의 눈망울은
살포시 그 감았던 눈을 뜬다
아직은 겨울의 가지 앙상하나
이미 봄은
그 속에도 숨어 들어가 있다
바람에 섞여 부는 봄 내음은
이미 그녀의 세계가
시작되었음을
알리는 봄의 신호탄
겨울과 봄의 사이
그 어딘가에
봄의 세계로 가는 문이
숨겨져 있다

겨울, 그리고 봄

겨울이 가고 있다
겨울맞이 하려
분주하게 움직인 것이
엊그제인 것 같은데
내일모레면 3월
봄기운이 몰려올 것이다
아직은 날이 차나
새싹들은 이미
봄이 오는 소리를 감지하고는
분주하게 세상 나올 준비
하고 있을 것이다
언 땅 속에서 부산스레
몸단장하느라 바쁘겠지

나의 겨울도 가고 있다
혹독한 시련과 인내,
절망의 겨울
멀리서 봄이 오는 소리가

들리는 듯도 하다

겨울은 또 찾아올 것이다

주기 주기마다

겨울을 맞닥뜨리겠지

그러나 또 봄은 올 것이다

그리도 나의 겨울이

봄을 부르는 소리가 들린다

혹독한 겨울을 감내했기에

나의 봄은,

그 누구보다도 따뜻할 것이다